Cubierta y diseño editorial: Éride, Diseño Gráfico
Dirección editorial: Ángel Jiménez

Primera edición: mayo, 2025

Poder satánico
© Javier García
© éride ediciones, 2025
Espronceda, 5
28003 Madrid

éride ediciones

ISBN: 979-13-87643-32-4
Depósito Legal: M-6525-2025
Diseño y preimpresión: Éride, Diseño Gráfico

 Este libro protege el entorno

Poder satánico

«Animales lúgubres»
y
«Banquetes deliciosos»

Juan Javier García García
'Javier García'

Escritor. Guionista cinematográfico. Miembro del CEC nº 35 -Círculo de escritores cinematográficos. Crítico de cine. Fotógrafo. Director general de la revista de internet LAS ESTRELLAS, Mis amigos (www.estrellas5.blogspot.com.es). Redactor y ayudante de edición y maquetación del periódico decano de la sierra del noroeste de Madrid SIERRA Madrileña fundado por: D. Luis Murciano; así como: SIERRA Deportes, y la Revista PERFIL de la Sierra. Coleccionista de fotografías del mundo cultural español, en su haber, posee una exposición dedicada a la interpretación española. Muchas estrellas nacionales e internacionales consideran a Javier García como *el mejor periodista*, que les ha realizado *su mejor entrevista*, destacando como la más empática y divertida de poder leer y conocer. En abril 2018 publica su primer libro 'LAS ESTRELLAS, Mis amigos' sobre diez entrevistas. En el año 2021 publica su segundo y su tercer libro completando la trilogía de 'LAS ESTRELLAS, Mis amigos' en Éride Ediciones. En el mismo año 2021 publica con su amigo y compañero Miguel Vigil la novela histórica, basada en hechos reales 'PILAR HIMMLER. Sin límite de mal' de Éride Ediciones. En octubre 2019 por encargo de Tony Antonio, presidente de ASHUMES (Asociación del humorismo español), y de Edmundo Arrocet *'Bigote Arrocet'* vicepresidente, se publica el libro '¡Hasta luego, Lucas!', como homenaje nacional al maestro del humor: Gregorio Esteban Sánchez Fernández *Chiquito de la Calzada*. En noviembre 2022 publica el Manual 'GANAR-GANAR', compendio de sabiduría y enseñanza basado en investigaciones de la autoayuda y la superación personal y grupal. En noviembre 2024 se publica 'La clepsidra', obra teatral inédita. Este libro nos presenta, otra obra teatral inédita 'Poder satánico' (2025).

JAVIER GARCÍA

Poder satánico

«Animales lúgubres»
y
«Banquetes deliciosos»

*Basadas en hechos reales acontecidos en España,
entre la ficción y la realidad.*

éride ediciones

Índice

Personajes:

ALBERTO SANZ: 55 años. Padre.

ANABEL PÉREZ: 42 años. Madre.

DENIS SANZ: 19 años. Hijo 1.

JAN SANZ: 22 años. Hijo 2.

ANTONIO GARCÍA: 68 años. Sacerdote, amigo y vecino cazador.

5 personajes

Animales lúgubres

ACTO I

Descubriendo la maldición

Escena 1.
En los orígenes de los Licántropos.

Primavera del año 2022 en el pueblo de Somosierra (España). Municipio enclavado en un entorno natural de alta montaña, situado en el extremo norte de la Comunidad de Madrid; con gran variedad de actividades como el senderismo, la marcha nórdica, la micología y la práctica del parapente y el ala delta.

En este ecosistema tan variopinto nos encontramos con una gran cantidad de fauna salvaje en sus bosques más cercanos. Cérvidos pequeños como el corzo se mezclan con los jabalíes, los zorros y los lobos ibéricos entre otras especies residentes en la zona.

La vegetación dominante es el melojar o bosque de robles melojos. Y en ese mismo lugar, los aldeanos cazadores se encuentran con dos cadáveres humanos totalmente esparcidos y despedazados ¿por un animal? Los abundantes callados árboles y las plantas autóctonas del bosque, son los testigos directos de lo que allí ha acontecido.

Vecinos y algunos turistas que visitan el pueblo nos aseguran que los asesinatos

13

los ha cometido una bestia animal con una fuerza descomunal. La espesa arboleda enmascara todo atisbo de rastros de sangre y de muerte.

La insuperable belleza de la escarcha fría que cubre la parte de la hierba en el amanecer es como un poema que la tierra quisiese escribir en su mismo cielo. El día está despertando y poco a poco nos va evocando la tragedia acontecida. El destellante arroyo que brillaba como una cinta luminosa ha desaparecido bajo el musgo blando, suelto y pegajoso del cieno. Un lugar preciso, nítido y exacto es, donde los dos cuerpos cercenados yacen a la suerte de ser descubiertos.

Antonio es el sacerdote del pueblo que se postula como la cabeza principal de los vecinos cazadores unidos, todos aseguran haber visto a un ser humano mitad hombre y mitad lobo deambular cada noche de luna llena por los caminos del tullido bosque.

Por el influjo de la luna llena, un lobo cánido ibérico negruzco nos escribe las noticias del día. Los habitantes del lugar, cansados ya de los sucesivos asesinatos salen de sus casonas para dar caza a la presunta bestia humana. Ellos sí saben, a ciencia cierta, que las tropelías atroces están cometidas por un solo aldeano llamado Alberto. La luna llena nos lleva a iluminar de manera clara y sorprendente al presunto autor de los asesinatos, lo vemos claramente, se trata, de una bestia demoníaca sin piedad alguna que no pueden atribuir a su convecino por no existir pruebas fehacientes.

¿Es Alberto el autor de los dos asesinatos cometidos? ¿Algún aldeano cazador le ha visto como la presunta bestia merodeando las casonas azules? ¿Qué venganzas se esconden tras los crímenes?

La serpenteante ruta que recorre el pueblo de Somosierra hacia la espesa arboleda del bosque no deja lugar, ni resquicio alguno de esta presencia de la guadaña de la muerte.

El establo sigue estando repleto de balas de heno, cubos lecheros y aperos de labranza pertenecientes al recordado vecino fallecido Faustino. Son los utensilios que ejercen de un buen escondite para todo aquel que quisiese esconderse en aquel lugar. El engendro maligno de Alberto, superior estirpe licántropa aterradora de la familia Sanz toma su particular descanso en esta casona abandonada, destinada para los animales de la granja. Alberto sí, es el animal que ha ocasionado la brutal matanza en el bosque.

(En este mismo cobertizo, y de manera humana, Alberto se confiesa al que fuera su mentor de oficio en las misas cristianas cinco años atrás.)

ALBERTO SANZ   Dios mío, me arrepiento de mis pecados de todo corazón. A la elección forzada de mis demonios internos de hacer el mal y de no hacer el bien he pecado contra ti, mi Dios, a quien debo amar sobre todas las cosas. Me propongo en firme con tu bendita ayuda hacer más penitencia, no pecar más y evitar todo lo que me lleve a ser un pecador forzoso; con el pesar ¿de la enfermedad? ¿es esta una enfermedad? *(preguntándose él mismo en su interior)* que sigo padeciendo desde que mis antepasados, como mi abuelo se descubrían siendo lobos ibéricos asesinos. Me arrepiento ante ti, Señor. Ave María Purísima.

ANTONIO GARCÍA Sin pecado concebida hijo.

(Alberto se arrodilla ante su amigo el sacerdote y se santigua mientras dice: En el nombre del Padre y del Hijo y del Espíritu Santo.)

ANTONIO GARCÍA El Señor esté en tu corazón para que te puedas arrepentir y confesar humildemente de tus pecados cometidos.

ALBERTO SANZ Ya sabe usted que desde hace años mantengo esta maldición proveniente del averno que no la puedo controlar. Siento un dolor punzante en el centro de mi pecho cuando me trasformo. Si en verdad desea usted conocer el sentido de la muerte trasformada tendré que abrirle de par en par mi vida en el pecado constante. En mis manos me salen gruesas garras almohadilladas como si fuese un perro. Además, he descubierto que la cola que llevo al final de mi espalda la puedo mover en todas las direcciones, a mi voluntad, y mis orejas son un par de miembros puntiagudos que pueden escuchar conversaciones de los hombres y de las mujeres a miles de kilómetros. Me estoy volviendo completamente loco, mis reflexiones no las controlo y soy una bestia implacable ante los ojos humanos. ¿Qué clase de maldición tengo, padre? *(Con deseos de poder conocer cuál es su destino).*

ANTONIO GARCÍA Ten confianza en nuestro Señor Jesucristo. Ten paciencia para entender los designios divinos de nuestra religión cristiana. Pronto, estos malditos seres endemoniados y esa extraña enfermedad que te viene atormentando desde tus abuelos desaparecerá y podrás volver sano y salvo junto a tu familia totalmente restablecido. Hijo, ten fe.

ALBERTO SANZ   Sabe que yo lo intento padre Antonio. Cuando me viene el cambio por el influjo de la luna llena soy totalmente un animal sin control que no soy dueño de mis decisiones, de mis voluntades, ni de mis actos, ¿me entiende?

ANTONIO GARCÍA Por supuesto que te entiendo lo que me dices, hijo, y por todo, tienes que seguir teniendo fe en Jesucristo nuestro Señor verdadero. Nunca pierdas el camino trazado por la divinidad de Cristo, él siempre está sentado junto al Padre que te lo ve todo.

ALBERTO SANZ   ¿Qué debo hacer padre para recibir la bendición de nuestro Señor? Entre ayer y hoy he cometido dos crímenes más. Y al despertar de mi trasformación tuve que ver esos dos cuerpos cercenados, despedazados por el maldito diablo que me poseyó ¿me han poseído los diablos? ¿Lo sabe usted, padre? (*Confuso y desorientado en sus pensamientos*) Sé que no he sido yo porque ha sido mi otro ser, el que habita dentro de mí. Hoy se cumplen más años con mi cruz. ¿Cuánto tiempo durarán todos mis tormentos?

ANTONIO GARCÍA Según mis estudios de exorcismos, posesiones sin control y vampirismo los síntomas con más fuerza, ya adultos, aparecen alrededor de los cincuenta años de edad y desaparecen al cumplir dos años más, a punto estás, de que tu mal desaparezca para siempre.

Al año sé que aparecen doce lunas llenas que, en algunas ocasiones son trece. En estos dos años has estado transformándote en veinticinco ocasiones, con un total de treinta víctimas. Este establo te ha servido de refugio y pocos convecinos dudan ya de tu devoción a Cristo con tu gran fe religiosa. Dios te pone siempre en el buen camino, confía, confía en el Salvador. Tu dolor hoy es sanador para los que habitamos la faz de la Tierra, antiguas leyendas nos dicen que el maligno nos envía seres humanos para seguir manteniendo la guerra contra la divinidad de Cristo, el demonio quiere apoderarse del mundo.

ALBERTO SANZ Sí, ya sabe usted que he sido siempre un hombre devoto de Dios, siempre he estado ayudándole en las misas hasta que llegó este tormento. No comprendo como Satán se ha adueñado de todo mi ser y me domina sin yo tener un control de mis obras.

Antonio García No te domina Satán, tranquilízate. Los cuerpos son débiles y el tuyo también lo es en tu aspecto más humano. Cuando nuestro Padre nos puso en la Tierra, Él ya contaba con el ángel Lucifer caído del averno. Satán sigue siendo un ser maligno que se apodera de almas y de cuerpos humanos para sus actividades perversas. Tú no tienes culpa de ello, sin embargo, debes de confiar en los designios que Cristo nos está mandando a ti y a mí a través de mi providencia. El Señor nuestro Dios mantiene tu fe y borra de las mentes humanas la posibilidad de que tú seas el causante de los crímenes. Las personas a las que asesinas son totalmente desconocidas, no las conoce nadie y ese acto de valentía tuyo es envidiable.

(En voz en off, por los altavoces del teatro.)

(Con una gran cruz cincelada en madera, el sacerdote persigna al resignado creyente sobre la frente, la cara y el pecho diciéndole «Ahora, persignémonos juntos y recemos con gran devoción a la madre de Cristo la Virgen María, tal y como lo hacíamos con el devocionario Bendita sea tu pureza ¿lo recuerdas, hijo?».)

Alberto y Antonio *(Los dos, a la misma vez)* Sí, Padre. Bendita sea tu pureza y eternamente lo sea, pues todo un Dios se recrea, en tan graciosa belleza. A ti celestial princesa, Virgen sagrada María, te ofrezco en este día, alma vida y corazón. Mírame con compasión, no me dejes, Madre mía.

ALBERTO SANZ   Muchas gracias, padre. Con la bendición que me ha dado usted puedo irme ya más tranquilo de vuelta a mi casa.

Funde a negro la escena.

Escena 2.
Siervos de Dios nuestro Señor.

(*Se abre el telón del escenario del teatro. En voz en off, por los altavoces.*)

(El sacerdote Antonio hace una profunda reflexión de sus estudios sobre la licantropía, enfermedad muy frecuente en el municipio de Somosierra. La leyenda nos dice que «En cada anochecer, algunos de los seres humanos que habitan en el inframundo del averno regresan a la Tierra por orden expresa de su dios Lucifer, para reclamar así la venganza de la guerra mantenida con Dios nuestro creador. Los humanos renacidos por el mal habitan bosques y caminos cercanos a las casonas de los pueblos en pie de guerra. Son humanos que antes de ser quemados en el fuego del averno Satán les brinda la oportunidad de enfrentarse en la Tierra al poder del bien divino. Se sabe, a ciencia cierta, que el destino está siempre escrito, el bien vence siempre al mal.

Al ser personas desconocidas, sin identidad alguna, absolutamente nadie, repito, nadie, en Somosierra puede atribuirle la autoría de los asesinatos al presunto autor de los hechos, su vecino Alberto. Los cuerpos despedazados desaparecen, sin dejar rastro alguno, al segundo día de los asesinatos cometidos.

Es por medio del instrumento del hombre lobo, que Jesucristo vence a nuestros males del mundo, y las almas malignas vencidas regresan al infierno para seguir la causa de su sufrimiento eterno por sus faltas cometidas en vida.)

Escena 3.
Casona de la familia Sanz.

A primeros de mayo del año 2022. En una humilde apartada casona azulada vive la familia Sanz, superior estirpe licántropa que habita Somosierra.

(Hacia las nueve de la mañana llega Alberto a su hogar dispuesto a tomar su merecido descanso.)

ALBERTO SANZ   Los designios de Dios son inescrutables y tenemos que obedecer, no nos queda más remedio hijos míos.

DENIS y JAN SANZ *(Los dos contestan al mismo tiempo)* Sí padre. ¿Nosotros tendremos que pasar también, por lo que está pasando nuestro padre?

ANABEL PÉREZ   Es posible que acabe la guerra pronto entre el bien y el mal, entre Jesús y Satán, según me dijo hace dos días el padre Antonio. Vuestro padre es muy valiente poniéndose al servicio de Dios. Y es que nuestra familia Sanz sigue siendo la sucesora elegida por nuestro Señor Jesucristo para salvar al mundo de todos sus males, tenemos que aceptar todo lo que nos venga de nuestro Salvador Jesús. Así, alcanzaremos la

paz, todo el amor verdadero y la vida
eterna.

*(Jan informa a su hermano Denis que tie-
nen que acordarse de traer una caja de botellas, de medio litro de sangre fresca de la
funeraria donde trabajan, para su padre
que acaba de terminar con las dos últimas.)*

JAN SANZ

Acuérdate de traernos una caja de doce
botellas pequeñas de sangre fresca. No
nos quedan ya en el frigorífico pequeño
de la cocina.

DENIS SANZ

Es verdad, no me había dado cuenta de
que a padre le gusta tomar dos botellas
antes de irse a descansar. ¿Qué ha sido
de Isabel la mujer de Jorge que te dijo
que necesitaba un recipiente de mármol
para colocar las rosas rojas en la tumba
de su marido?

JAN SANZ

Ya está solucionado. Los contenedores que
tenemos almacenados en el armario del
recibidor han servido para colocar uno de
ellos en su tumba. Todo está bien. Madre
tiene unas manos artesanas prodigiosas y
ha surtido de contenedores el armarito.

DENIS SANZ

Madre, ¿por qué nos dicen 'los malditos'?
todo Somosierra nos lo dice, además, de
apartarse de nosotros como si tuviéramos
alguna enfermedad contagiosa.

ANABEL PÉREZ Muchas personas vecinas saben de la existencia de la maldición de nuestra familia. Os puedo contar que una hechicera intentó una maldición de urgencia contra Lucifer y sus demonios, no le funcionó. A Satán solo le frena Jesús con todo el poder que le otorga su Padre.

DENIS SANZ No te entiendo, madre. Esa infecta criatura infernal nos atormentará también a nosotros, tengo esa intuición. El olor fétido en mis espaldas me dice que padre está entrando en casa.

ALBERTO SANZ Hola, familia. Llego cansadísimo de tanta maldad como he cometido hoy. En esta ocasión, sin yo darme cuenta he asesinado a dos humanos más. Según Antonio ya va quedando menos para deshacerme de esta maldita condena. Hijos, traedme más sangre fresca del trabajo cuando vengáis a comer a casa.

(Los dos hermanos se marchan al trabajo de la funeraria. Jan asiente con su cabeza arriba y abajo, y Denis le responde a su padre: 'No tengas preocupación, aún tenemos dos cajas en almacén'.)

Funde a oscuro.

Escena 4.
En la funeraria de la familia Sanz.

En mayo del año 2022 la temperatura de la pronta llegada del verano es asfixiante en el interior de la casona de la funeraria. Denis y Jan tienen mucho trabajo acumulado y los dos cadáveres que tienen deben de ser incinerados de inmediato para que el olor al que son sometidos no les afecte demasiado. Además, deben de llamar a los familiares para que vengan a recoger las urnas receptoras de ambas cenizas. Los procesos de duelos en las casas son muy necesarios para las personas emocionalmente inestables.

JAN SANZ

Denis, enciende el horno crematorio para ir introduciendo los cadáveres. Estoy convencido que podemos hoy incinerarlos bien.

DENIS SANZ

Me voy a llevar la caja de sangre para padre.

JAN SANZ

Mejor es que te lleves las dos que nos quedan, así no tenemos que preocuparnos tanto, padre tendrá suficiente para ocho o diez días.

Denis Sanz	Antes de incinerar los cuerpos tenemos que extraer toda la sangre de los cadáveres, ¡ayúdame a levantarlos, pesan demasiado!
Jan Sanz	Menuda técnica que hemos conseguido para la extracción de la sangre. Menos mal, que a padre no le afecta que sea negativa o positiva, todo le sienta estupendamente bien. Tenemos también que dejar para nuestro consumo como seis botellas, de vez en cuando tomamos nuestros vasitos ¿verdad, Denis? (*Con tono jocoso y riendo*).

(*Entra en escena Anabel Pérez. Suena el teléfono en la recepción.*)

Anabel Pérez	No coger el teléfono, chicos. ¿Dígame, funeraria Sanz? No contesta nadie detrás de este viejo teléfono, se habrán confundido. ¡Chicos, tengo que ir por el gimnasio a cuidarme el cuerpo! Tendré que pasar, otra vez, por las miradas furtivas de Tom y de Carlos. Entre tanto hombretón buenorro, mientras yo hago un poco de cardio, siento que me miran varios viejos mis tetas a través del escote.
Denis Sanz	Te cuidas demasiado. Debes tener cuidado con estos viejos cebolletas que tanto desvían sus miradas porque…

ANABEL PÉREZ   (*Interrumpiendo a su hijo Denis*) No tengas cuidado, yo sé solventar esas moles-
tas situaciones. Desde hace un par de
meses, y en medio de todos estos espe-
címenes humanos siento que mis coro-
narias van a dar un estallido en cualquier
instante. Es que, si me da un infarto haciendo el ejercicio, te juro que los de-
nuncio. ¿Tenéis suficientes recipientes
floreros para los adornos de las próxi-
mas defunciones?

DENIS SANZ   Sí, no te preocupes. Madre, tú todavía
estás de buen ver ante los hombres en
estado más joven.

ANABEL PÉREZ   Gracias por el cumplido Denis. Aunque
no me considero muy mayor a mis cua-
renta y dos años, te digo que estoy en una
avanzada juventud muy interesante (*ríe
en este momento con sarcasmo inteligente*).
Más de uno se ha insinuado y se ha atrevido a invitarme a quedar con él para tomar un café después del gimnasio.

DENIS SANZ   Yo tuve que parar los pies a uno de los
comerciales que me dijo que si tú esta-
bas viuda o no sé qué. El muy atrevido
pensaba que estabas disponible para quedar en una cita con él.

ANABEL PÉREZ   Es una lástima que tu padre tenga esta
maldición encima. Todavía sigo muy

enamorada de él, es una persona tan bondadosa y tan buena conmigo, y con vosotros... En estos tiempos en que viene tan derrotado físicamente, y se tiene que meter en la cama a descansar enseguida, es muy normal que los que nos visitan vean que no tengamos un cabeza de familia al frente del negocio e intenten aprovecharse.

(Denis y Anabel se despiden dándose ambos besos en las mejillas.)

Fundido a negro.

ACTO II

Acontecimientos de vida

Escena 5.
En el despacho parroquial.

Hacia primeros del año 2023, mes de enero. Invierno. Iglesia Parroquial de Nuestra Señora de las Nieves. Ubicación religiosa de sólida construcción de principios del siglo XVIII (1703). El interior está formado de una sola nave, el presbiterio de mayor altura y una pequeña capilla.

(El sacerdote Antonio conversa en el interior del despacho parroquial con Denis y Jan Sanz sobre el estado actual de su padre, de la licantropía, la hechicería, los maleficios y los conjuros de milagros infernales.)

DENIS SANZ Buenos días, padre Antonio.

ANTONIO GARCÍA Buenos días, hijos míos. ¿Qué necesitáis de bueno para venir a visitarme?

JAN SANZ Queremos conversar y preguntarle por las últimas noticias acerca de nuestro padre. ¿Qué puede decirnos usted sobre sus investigaciones? Sabemos que sigue estudiando el caso con enorme interés.

ANTONIO GARCÍA *(Con mucho amor y amabilidad hacia los dos hermanos).* Vuestro padre es un gran hombre. No os lo voy a descubrir yo ahora. Y no es exactamente una maldición lo que padece. Pasad, pasad, no os quedéis en la entrada y sentaos, sentaos, para charlar un ratico. Sentaros, y coged una silla. Tomad asiento junto al braserito encendido. ¡Cuidado con los faldones que cuelgan! Poneros las faldas sobre vuestras rodillas y así os subirá más el calorcito del hornillo. En estos momentos estaba repasando algunas notas del estudio.

Según mis incursiones en la sabiduría de poder entender por qué se trasforma en hombre lobo... es como una carga divina de Dios que mantiene una guerra cruel contra el demonio de Lucifer. Vuestra familia es una de las elegidas para combatir el mal.

El ángel caído de los infiernos diseña un organigrama complejo de batallas para derrotar a Dios y proclamarse el Dios todopoderoso en el planeta Tierra. A través de las almas que le llegan al averno las convierte en seres humanos para dar batalla a las estirpes de licántropos que tiene nuestro Señor en ciertas partes de todo el mundo. De esta manera se suceden las variopintas guerras entre el bien y el mal.

Jan Sanz

Entonces, creo entender que nosotros venimos de una estirpe legendaria llamada

Licaón, que sembraba el terror sin tener piedad alguna por la humanidad.

ANTONIO GARCÍA Cierto es, en parte. Según mis estudios no es en contra de toda la humanidad. Las guerras son entre el demonio y nuestro Señor.

JAN SANZ Mi padre llega cansadísimo a la casa por la mañana temprano. Su sentimiento de amor hacia Dios es admirable. ¿Pudiera convertirse en santo, padre?

DENIS SANZ En ciertas ocasiones no le reconozco de lo cambiado que viene. A pesar de ser un hombre corpulento, de grandes espaldas y fuerte, sus ojos tienen un brillo amarillento diabólico. Siempre le he admirado, sigue siendo mi héroe en mi interior. Sus ayudas en las misas y con usted, padre, de siempre me han atrapado. Él sigue leyendo el Evangelio y nos dice que quiere entender más a Jesús y al Padre. Podemos decirle a usted que sin que él lo supiera le hemos seguido en su camino hacia el bosque en las noches de la luna llena.

JAN SANZ *(Levantando la voz a su hermano con cierto malestar por sus palabras)* ¿Qué es lo que acordamos Denis? No íbamos a decirle nada al sacerdote. Ahora él sabe la verdad de nuestros movimientos.

ANTONIO GARCÍA No os preocupéis. Es normal que sintáis curiosidad en conocer, pero… ¡Es muy peligroso seguir a un licántropo alfa! La estirpe Licaón proviene de vuestros antepasados. Según la leyenda que he consultado proviene de un rey de Arcadia en Grecia; y nos cuenta la mitología griega que Licaón era un rey muy culto y sabio que había sacado a su pueblo de unas condiciones de vida salvajes. Este rey se trasformaba en hombre lobo para salvar a su pueblo de las amenazas externas.

DENIS SANZ Padre ¿es cierto que ciertos miembros del cuerpo cuando vuelven a la parte más humana tarden en transformarse?

ANTONIO GARCÍA En verdad, es muy cierto que los licántropos alfa tarden un tiempo prudencial en adquirir su condición humana de nuevo. Las orejas puntiagudas junto con los ojos de tono amarillento, el gran hocico y las terribles garras almohadilladas de lobo en sus manos sí que tardan, podéis estar seguro de ello. Los colmillos afilados y los aullidos desaparecen enseguida, en poco tiempo.

(Los dos hermanos confiesan al sacerdote que estuvieron hace dos meses con una bruja hechicera humana. Una anciana tenebrosa de maleficios infernales.)

JAN SANZ   Poco tenemos que hacer *(confiesa con cierta resignación).*

¿Es posible que nosotros heredemos el legado de nuestro padre?

A nosotros sí, sí que nos gusta beber chupitos, pequeñas dosis de sangre, sea del grupo sanguíneo que sea, de vez en cuando. Tiene ese sabor tan, tan… placentero, agradable y suave que te acaricia el paladar *(disfrutando en su imaginación).* Es una delicia poder saborearla acompañada del bizcocho meloso de manzana recién horneado en el horno crematorio.

DENIS SANZ   ¡Al final vamos a confesar a Antonio toda nuestra vida!

ANTONIO GARCÍA Estaros tranquilos, de mi boca no va a salir nada que vosotros no queráis que cuente… Pues, he de confesaros que he hablado en la intimidad con Dios nuestro Señor. Me ha trasmitido mucha seguridad en que vuestro padre pueda ser el último licántropo en las luchas internas que mantiene contra el mal.

DENIS SANZ   Siento poca seguridad en estas confesiones, padre. Según nos dice la Biblia con Juan 14:6 6 *Jesús le dijo: Yo soy el camino, y la verdad y la vida; nadie viene al*

Padre sino por mí. 7 si me conocierais, también a mi Padre conoceríais; y desde ahora le conocéis y le habéis visto. 8 Felipe le dijo: Señor, muéstranos al Padre, y nos basta. Jesús habla con usted con ciertas metáforas ¿verdad? La palabra de Dios no es suficiente para mí, hay algo de ambigüedad en sus mensajes ¿no le parece?

ANTONIO GARCÍA Denis, hijo, tienes todavía muchas dudas. Toda la creación es hoy un gran misterio que nos debe ir desvelando nuestro Señor. Hay que tener paciencia *(con gestos de sus manos hacia arriba y hacia abajo)* y esperar a su voluntad en la Tierra.

DENIS SANZ Es que padre, la nobleza de la frente de aquella bruja hechicera me ofreció muchas más respuestas de las que quería yo escuchar.

ANTONIO GARCÍA Hijo, si me permites decirte las brujas hechiceras son emisarias inducidas por el diablo. Son humanizadas en ancianas astutas que pactan diabólicamente con su Dios Lucifer. Es como una peregrina que busca en su cuerpo vestigios del pasado. Poseen una belleza seductora en trazos esculpidos con el cincel inexorable de los años vividos. Y al escarbar en lo siniestro encuentran lo sublime, lo esencial, lo insondable. Lo que fue en su día bello ya no lo es. La bruja primigenia es una entidad femenina arpía y oscura; una criatura incapaz de dormir que cambia de forma a su voluntad. Una hija bastarda de la miseria engendrada por el deseo del anhelo de acumular posesiones. Estas mujeres demoníacas son acusadas de asesinar a los infantes para adorar al demonio su Dios. Son un caos oscuro y espinoso que pacta con el diablo para así engañarnos y dejar libres nuestras almas. No debéis de fiaros nunca de ellas. El demonio está al acecho siempre. Como os he dicho son emisarias mandadas por él.

DENIS y JAN SANZ *(Los dos, al mismo tiempo)* Padre, tenemos que irnos. Se nos ha hecho ya tarde.

DENIS SANZ   Gracias, por compartir con nosotros todos sus estudios e investigaciones.

ANTONIO GARCÍA Seáis siempre bienvenidos a la casa del Señor. Abiertas están las puertas para lo que necesitéis, hijos.

Fundido a negro la escena.

Escena 6.
Hogar de la familia Sanz.

Marzo de 2023. En el salón comedor de la casona familiar. Se escuchan gorjeos de gorriones machos en el tejado. Las aves han encontrado un resquicio donde anidar para tener a sus gurriatos.

DENIS SANZ
¿Escucháis los gorjeos de los pájaros? Creo que tenemos nidos en el tejado de la casa.

JAN SANZ
Si nos quedamos callados los vamos a escuchar mejor.

(Se quedan en silencio Anabel, Jan y Denis.)

DENIS SANZ
(Rompiendo el silencio) Pueden ser vencejos, golondrinas o gorriones. Los gorriones nos traen la fortuna, la buena suerte y la protección.

(Anabel se asoma por la ventana y vislumbra el aleteo de los gorriones. Sus cantos ruidosos a primeras horas de la mañana ya avecinan la visita de las hembras para asentarse en los nidos debajo de las tejas.)

DENIS SANZ
Hay que echar algo de cemento en las tejas que tenemos sueltas. Y no estaría nada

mal instalar cajas nido a dos o tres metros del suelo, en los árboles que tenemos cerca de casa.

JAN SANZ

Lo primero es hacerse con las cajas nido y las instalamos en un momento ¿te parece bien padre?

ANABEL PÉREZ

Tened cuidado al colocarlas. Todas las aves son hijas de Dios y tienen derecho a tener un hogar para tener a sus gurriatos. Cuando la voluntad es grande, los obstáculos se hacen pequeños.

(Los dos hermanos, junto con su padre Alberto, expertos en tratar la madera para los ataúdes hicieron varias cajas nido y, en dos semanas, se solucionaron los problemas de anidación de los gorriones.)

(Toda la familia conversa de otros asuntos. Anabel coge la palabra.)

ANABEL PÉREZ

¿Qué tal te encuentras de las marcas en la espalda?

ALBERTO SANZ

Voy mejorando. Las cicatrices son todavía muy grandes y tengo menos dolor.

ANABEL PÉREZ

Deberías de ir a un médico a que te vea y te pueda aliviar con algún analgésico o antiinflamatorio.

ALBERTO SANZ — Sabes, mujer, que no quiero que nuestros vecinos murmuren a nuestras espaldas. Espero que todavía me queden más primaveras para ofrecerte más felicidad. Son las marcas que me dejan las ramas de los árboles y las plantas… ya irán desapareciendo con el tiempo, no tengo la menor duda de ello. La trasformación que me sobrevino llegó entre las ramas secas y las plantas demasiado altas. ¡No hay que preocuparse más, mujer!, no le demos más importancia porque con el tiempo todo tiene su curación. Gracias, te agradezco que me preguntes.

Denis ¿qué tal vais tú y tu novia, con vuestra relación de pareja?

DENIS SANZ — ¿Te refieres a mi novia Carmen? Solamente era una amiga más. El otro día viniendo del trabajo Jan y yo vimos un gran accidente en la carretera y descubrimos a Carmen despedazada en tres grandes trozos esparcidos por el bosque.

ALBERTO SANZ — ¿Cómo? Quieres decirme que Carmen está muerta.

DENIS SANZ — Sí padre. Nos paramos a ver lo que había sucedido y descubrimos a Carmen despedazada. Su coche se estrelló contra un arbusto muy talludo. Todo estaba lleno de larvas, orugas infladas y cucarachas hambrientas. El lugar estaba repleto de orines amarillentos de un olor muy fuerte.

ALBERTO SANZ   Vaya, vaya. Siento que Carmen haya fallecido. Los orines son de las hienas manchadas. Son olores que me son muy familiares cuando me voy trasformando cruzando el bosque.

DENIS SANZ   Tengo que deciros que Carmen estaba embarazada. Me dijo hace dos días que estaba saliendo con otro chico del pueblo.

ANABEL PÉREZ   ¡Qué sorpresa te habrás llevado hijo! Carmen tenía la cabecita un tanto alocada. Pobre chica, lo que habrá tenido que sufrir.

JAN SANZ   Todos los amigos de la pandilla se lo hemos dicho a Denis mil veces, no te tienes que fiar de Carmen que está, con unos y con otros. Como de costumbre, Denis no nos ha hecho el menor caso.

ANABEL PÉREZ   ¡Calla Jan! Son cosas que hay que experimentar en la vida. Denis tiene su manera de pensar y entender.

ALBERTO SANZ   Si quieres aceptarme un consejo Denis, vive tu vida como entiendas tú vivirla sin importarte lo que piensen de ti los demás, te lo digo por experiencia propia. A partir de las trasformaciones me he dado cuenta de que las personas del pueblo nos han dado más de lado, sin embargo, los mandatos de Dios son los que son y yo los acepto.

En definitiva, estoy convencido de que yo junto con el padre Antonio estamos salvando a muchas almas. Estoy derrotando a los demonios venidos del infierno para apoderarse de las almas buenas que Dios quiere mantener en la Tierra. Por todo, hijo, vive como tú quieras, y deja vivir.

DENIS SANZ   Gracias, padre. Tu sufrimiento lo entendemos Jan y yo muy bien. Hemos tenido una conversación con el padre Antonio sobre sus investigaciones acerca de tus trasformaciones. Entendemos mejor lo que te sucede, de verdad.

JAN SANZ   Padre, no te preocupes porque sabemos mejor las razones que tiene Jesucristo para ti.

(Anabel pregunta a sus hijos acerca de hace unos días que estaban sentados junto con la pandilla en los bancos cercanos del bosque charlando.)

ANABEL PÉREZ — Jan ¿de qué estabais hablando el otro día en los bancos? La actitud de todos vosotros no era muy buena con Luis.

DENIS SANZ — (*Adelantándose a su hermano*) Madre, el otro día sí que hablábamos de Luis, el hijo de la panadera porque no hay que fiarse de él, le das la mano y te coge todo el brazo.

ANABEL PÉREZ — ¿Qué motivos tenéis vosotros para no fiarse? Luis es un chico muy educado, que cuida mucho sus palabras, es muy agradable y encantador.

JAN SANZ — Sí, sí, lo que es, es un embaucador y una mala persona cuando está cerca de ti. Hay que tener mucho cuidado si llevas un móvil encima.

DENIS SANZ — Y si llevas algún otro aparato electrónico. María le estaba diciendo que le devolviera el móvil a Jan porque le había visto como se lo metía en el bolsillo del abrigo y lo escondía. Luis le decía que no lo había cogido

JAN SANZ — Fue entonces cuando María le quitó el abrigo y le hurgó en sus bolsillos encontrando mi móvil y dos más. Entonces, es cuando le preguntó: *¿por qué tienes estos móviles?*, y Luis enfadado le dijo que se metiera en sus cosas y que le dejara vivir tranquilo.

Denis Sanz	Y yo hice una llamada al móvil de Jan para asegurarnos de que era su móvil y, efectivamente, sonó la llamada en los móviles que tenía Luis. Es un auténtico ladrón de aparatos electrónicos. María y los demás le hemos dicho que no vuelva a estar con nosotros, que no le queremos en la pandilla.
Anabel Pérez	Pues, hablaré con su madre en la panadería al comprar el pan del día.
Denis Sanz	Madre, no hables con la madre de Luis, bastante carga tiene ya con él, es un auténtico delincuente que tiene varios compinches que le siguen, allí donde él esté. Es mejor olvidarse de él.
Anabel Pérez	Por esta vez tienes razón Denis. Es un chico que le he visto que tiene malas compañías, acabará en algo malo algún día…

Fundido a negro.

ACTO III

Muerte y salvación

Escena 7.
Celebrando la Santa Misa.

Mayo del año 2023. En la Iglesia Parroquial de Nuestra Señora de las Nieves se celebra la Santa Misa donde acuden muchos fieles devotos de la religión cristiana en Somosierra. El sacerdote Antonio García después de la primera y de la segunda lectura comienza la lectura del Evangelio con los dos pasajes de Lucas 10:27 y 18:18.

(Todos los asistentes se ponen en pie para cantar con devoción el Aleluya y se disponen a escuchar la palabra del Evangelio. A continuación, interviene el sacerdote Antonio.)

ANTONIO GARCÍA Hermanos y hermanas, todos y todas aquí reunidos, y como algo excepcional quiero en este día dar lectura a dos pasajes del apóstol San Lucas. El primero de ellos es el pasaje 10:27 que dice así: *Ama al Señor tu Dios con todo tu corazón, con toda tu alma, con todas tus fuerzas y con toda tu mente; y ama a tu prójimo como a ti mismo.*

También quisiera hacer mención al segundo pasaje 18:18 que dice así sobre un hombre muy rico: *Uno de los jefes preguntó a Jesús: Maestro bueno, ¿qué debo hacer para alcanzar la vida eterna? A lo que Jesús le contestó: ¿Por qué me llamas bueno? Bueno solamente hay uno: Dios.* A continuación, en este mismo pasaje de San Lucas nos sigue diciendo: *Ya sabes los mandamientos: No cometas adulterio, no mates, no robes, no mientas en perjuicio de nadie y honra a tu padre y a tu madre. El hombre le dijo: Todo eso lo he cumplido desde joven. Al oírlo, Jesús le contestó: Todavía te falta una cosa: vende todo lo que tienes y dáselo a los pobres. Así tendrás riquezas en el cielo. Luego ven y sígueme.*

(El sacerdote, después de la lectura del Santo Evangelio les dice a todos los fieles: Palabra del Señor; a lo que responden todos: Gloria a ti, Señor Jesús.)

(Sigue con la homilía el sacerdote Antonio García.)

ANTONIO GARCÍA ¿Qué significado tienen estos dos pasajes del libro de enseñanzas de la palabra de Dios en la Santa Biblia? En el primer pasaje se nos dice que amemos a Dios entre todas las cosas, a Él y al prójimo como a ti mismo. En el segundo pasaje se nos dice una serie de acontecimientos y al final nos señala el vender todo lo que tenemos y seguir a Jesús vaya donde vaya sin condicionantes de ningún tipo.

Nuestro querido vecino Alberto Sanz seguía siendo una buena persona en manos de los designios divinos de nuestro Dios Padre. Como ya sabéis Alberto Sanz ya no está entre nosotros, nuestro querido Dios lo ha llamado para que le acompañe en su bendita gloria junto a su Padre.

Alberto desde los treinta años hasta los cincuenta y cinco, veinticinco años que ha puesto su vida al servicio de la parroquia y del pueblo de Somosierra. Todos le hemos querido de alguna forma u otra. Siempre nos ha ayudado cuando hemos tenido algún problema en nuestras casas, se puede decir que *era un manitas del hogar*, pudiera arreglarte una gotera, ponerte luz, pintarte la casa o solucionarte el cambio de tejas en el deterioro por otras nuevas.

(El humilde sacerdote hace una mención especial a sus hijos y esposa en las Funerarias Sanz.)

Sus hijos Denis y Jan junto con su madre Anabel decidieron abrir un negocio familiar llamado Funerarias Sanz. El pueblo de Somosierra lo necesitaba para ir enterrando a los que íbamos perdiendo en nuestras familias.

En estos dos últimos años las trasformaciones que ha sufrido al convertirse en un licántropo, es decir, en un hombre lobo sin piedad para dar batalla a las almas endemoniadas que le venían a desafiarle han acabado con su vida. A nuestros lacerantes ojos Alberto era para nosotros un asesino. Por decisión propia, y porque yo le quise mucho tuve ocasión de estudiar, sin desfallecer, su insólito caso, nunca me había encontrado con algo así. Y en mis descubrimientos Dios se comunicó conmigo y me dijo que era voluntad suya que Alberto se convirtiera en licántropo. En un principio no entendí sus designios divinos, pero con el tiempo, y más adelante descubrí que así era la voluntad de su Padre para enfrentar a las almas perdidas, hechas humanas en la Tierra, y así vencer al maligno, a los demonios que iban tras el poder del bien de nuestro Señor Jesucristo; por tanto, puedo deciros que Alberto aceptó la voluntad de nuestro Señor. 'No tengáis miedo alguno' me dijo el Señor nuestro Dios cuando se acercó a mi alma para decirme sus voluntades con respecto a nuestro querido vecino. Dios Padre se lo ha llevado a su gloria con una muerte súbita de un infarto de miocardio en un instante, según dictaminó el informe redactado de su fallecimiento que la familia me dejó leer en su casa.

Entiendo todo vuestro pesar, pero creo que ya os he respondido a todas vuestras preguntas que me habéis hecho antes de poderos oficiar esta Santa Misa en recuerdo de Alberto Sanz, que descanse en paz. A continuación, recemos por su alma un padrenuestro y un credo.

(El sacerdote finaliza su homilía agradeciendo a todos los fieles su presencia.)

ANTONIO GARCÍA Os agradezco a todos vuestra presencia hoy aquí *(y rezando con los fieles)* Creo en el Espíritu Santo, Señor y dador de vida, que procede del Padre y del Hijo, que con el Padre y el Hijo recibe una misma adoración y gloria, y que habló por los profetas.

Creo en la Iglesia, que es una, santa, católica y apostólica. Confieso que hay un solo bautismo para el perdón de los pecados. Espero la resurrección de los muertos y la vida del mundo futuro. Amén.

(Antonio sigue con la Santa Misa hasta su finalización y dice: descanse en paz Alberto Sanz.)

Funde a negro la escena.
Oscuro final.

Personajes:

ALBERTO MALO: 50 años. Padre.

GALA MALO: 20 años. Hija.

JUAN PARKER; 22 años. Amigo de Gala.

ANA TAYLOR: 42 años. Policía Nacional.

JESÚS PARKER: 35 años. Policía Nacional.

5 personajes

Banquetes deliciosos

ACTO I

Amores seductores correspondidos

Escena 1.
Neonatos muy apetecibles.

Diciembre del año 1972 en Madrid. Por la mañana temprano. Piso familiar alquilado, con vistas hacia la avenida y muy espacioso, situado en la zona centro de Madrid. Barrio de Malasaña.

Todos los fines de semana es un incesante hervidero de jóvenes estudiantes que desean encontrarse para bailar en las discotecas más bizarras y bohemias de la ciudad.

En las inmediaciones nos encontramos con mucha algarabía por la proximidad de las festividades navideñas que nos anuncian la venida del niño Jesús. Zambombas, palillos, guitarras y panderetas acompañan a los villancicos más populares.

Al fondo de la concurrida avenida podemos escuchar a los estudiantes madrileños de la tuna de medicina y farmacia de Madrid *La Estudiantina*. Son aquellos jóvenes alegres, divertidos y risueños que nos embarcan en sus alegres canciones del cortejo con la mezcolanza navideña de los villancicos más tradicionales.

Tiempos de celebraciones muy especiales del viernes veintidós de diciembre que, además de celebrarse la lotería tradicional de la Navidad, celebramos también el veinte cumpleaños de Gala Malo, una joven estudiante de instituto de cabellos morenos, con pantalones vaqueros rotos a la moda, camisa de fantasía y botas de cuero, altas y negras. En sus orejas redondeadas lleva pendientes llamativos de unas calaveras negras, con un piercing muy vistoso que le atraviesa completamente su nariz. A la adolescente le apasiona quedar y enamorarse de mozalbetes de su misma o parecida edad para luego romper con ellos todas sus relaciones.

Gala vive con su progenitor Alberto de profesión matarife. Su padre siempre viste de chándal negro con zapatillas de deporte blancas. En su estado de divorciado descuidado denota que estamos ante un racista muy radical, de estatura más bien pequeña y obeso psicópata que gusta darse grandes festines, al igual que a su hija Gala. Sigue siendo una persona muy familiar y hogareña que comparte en el hogar todo tipo de actividades.

Padre e hija viven en completa libertad y armonía; cocinan aquello que más les gusta por Navidad, enormes trozos de carnes frescas y sangrantes que aderezan con abundantes patatas y pimientos al horno.

Entramos en la grandiosa cocina de la familia Malo donde podemos encontrarnos con una amalgama de cuchillos y enseres de despiece adornando todas las paredes y las encimeras de una estancia inmunda repleta de mugre grasienta. Los olores tan intensos que desprende este espacio pestilente son como los huevos de gallina en su estado máximo de descomposición. Olores desagradables y enfermizos que causan náuseas de vómito a cualquiera que quiera visitarles.

(Padre e hija mantienen una conversación informativa muy interesante mientras desayunan deliciosas porras y churros en grandes tazones de chocolate.)

GALA MALO   ¿Te has enterado papá? Todo el barrio dice que han encontrado un bebé fallecido en un contenedor de la basura.

ALBERTO MALO   He escuchado la noticia en la radio, hija. ¡Quién habrá sido el asesino!

GALA MALO   Según Pedro, nuestro vecino de enfrente han sido sus propios padres. Por sus repetidas quejas, llantos y lamentos los que le han abandonado a su suerte.

ALBERTO MALO   Hija, para nosotros es un apetecible y delicioso bocado. Es muy seguro que las alimañas que merodean la noche en las calles de Madrid ya lo hayan encontrado.

GALA MALO   Bebés así de blanditos, tan fresquitos, tiernos y jugositos se encuentran muy pocas veces. ¿Te acuerdas cuando disfrutamos del rescate de aquellos dos hermanos gemelos? Estaban realmente deliciosos ¿verdad?

(Ríen, padre e hija, ante la inesperada ocurrencia.)

Funde la primera escena a negro.

Escena 2.

Presentación del nuevo amigo.

En el salón del piso. Al caer la tarde, anocheciendo. Expresiva, divertida y alegre Gala regresa al hogar familiar con su nuevo compañero y amigo del instituto Juan Parker. Gala desea presentárselo a su padre. Para la primogénita es el único invitado para celebrar su veinte cumpleaños. Por el momento, no quiere más amistades.

GALA MALO Seguro que estarás cansado del trabajo en el matadero.

ALBERTO MALO La verdad es que sí. Hoy sí que he trabajado.

GALA MALO ¿A cuántos habéis matado hoy? ¡Uy! Si tenemos un invitado. Perdona Juan, mi padre es matarife. Matan a diario a un centenar de corderos.

JUAN PARKER Pues *(con una breve pausa)* un trabajo duro el suyo.

ALBERTO MALO Sí que lo es. Sacrificamos mucho ganado y reses con una calidad de excelencia, como nos dice mi empresa, de distinta procedencia. Nos llegan de toda España.

(Alberto deposita con cuidado, en la amplísima mesa del salón comedor, el envoltorio de la pastelería 'Dulces de Madrid', la apetecible y suculenta tarta para su hija.)

ALBERTO MALO   Aquí tienes la tarta de tu cumpleaños, veinte primaveras para mi princesa ¡felicidades!

JUAN PARKER   *(Con gran sorpresa y muy divertido)* Yo también te deseo muchas felicidades *(dándole un beso en la mejilla a Gala)*, y que cumplas, muchos más.

(Gala se piensa un deseo y sopla con fuerza las velas numeradas con un dos y con un cero de la gustosa, vistosa y deliciosa tarta de nata y chocolate que le acaba de regalar su padre.)

ALBERTO MALO   ¿Quién es, tu nuevo amigo? Parece muy simpático.

GALA MALO   Es un compañero del instituto. Llevamos saliendo aproximadamente como una semana. Nos llevamos tan bien que los demás nos dicen que ya somos novios.

ALBERTO MALO   Sabes hija, que no me gusta que te enamores tan pronto, eres muy joven todavía para pensar en los novios, solo tienes veinte años. Lo que tienes que pensar es en tener un camino firme, seguro e inspirador con los estudios, luego *(haciendo un gesto*

con la mano derecha y una pequeña pausa)
ya decidirás escoger a la persona más ade-
cuada para tu felicidad.

JUAN PARKER No se preocupe usted, yo no soy una ame-
naza. No voy a hacerla daño, si eso es lo
que le preocupa.

ALBERTO MALO No lo digo por ti, hijo, lo digo por nosotros. Lo mismo te hacemos daño nosotros,
tenemos otras costumbres. *(De manera divertida, agradable y simpática)* ¡Somos unos
psicópatas! Eso es lo que nos dice todo el
barrio ¿verdad, Gala?

*(Las risas entre los tres denota mucha tran-
quilidad, confianza y empatía.)*

Fundido a negro la escena.

Escena 3.
Llamada a los padres de Juan Parker.

Los espectadores siguen expectantes, con gran detalle, lo que acontece en el salón del hogar familiar. Ante la gran nevada caída en la ciudad de Madrid, Alberto y Gala le proponen quedarse a dormir en su casa a su nuevo amigo.

ALBERTO MALO Ya empieza a anochecer, ¡quizás! quieras quedarte a dormir, puedes hacerlo aquí, en el salón. Como puedes ver tenemos una cama supletoria bastante cómoda. De camino del trabajo he notado que hace mucho frío afuera. Todo se estaba cubriendo de nieve ¡menuda nevada!

JUAN PARKER Gracias por su amabilidad, me quedaré. Antes, quisiera avisar a mis padres. Si me deja usted, les llamo desde su teléfono fijo *(los móviles llegaron a España en 1976, y en 1983 empezaron a comercializarse).*

ALBERTO MALO Por supuesto, hijo. Puedes hacer esa llamada, seguro que tus padres se quedarán más tranquilos.

(Juan llama con prisas a sus padres. Les pide permiso para que esta noche pueda quedarse a dormir en casa de Gala. Por los altavoces del teatro se nos anuncia que Alberto y

*su hija le abren un sofá-cama supletorio en
el mismo salón comedor.)*

*(Encima del escenario, y a la misma vez, el res-
petado público que asiste a la función obser-
va dos estancias separadas por un biombo. En
la estancia de la izquierda, mediante rotacio-
nes de la producción teatral, el salón comedor
se convierte en el dormitorio de Alberto; y en
la estancia derecha, con elevación del suelo
del escenario se vislumbra una parte del comedor representado de la familia Parker
donde suena el teléfono con insistencia.)*

ANA TAYLOR

Sí, dígame *(responde la madre de Juan)*
¿quién es el que llama?

JUAN PARKER

*(Voz en off por los altavoces del teatro des-
de el salón comedor)* ¡Mamá! Soy Juan, tu
hijo. ¿Qué tal está todo por allí? Aquí, nos
ha caído una nevada ¡de aúpa!

ANA TAYLOR

Bien, bien, hijo. ¿En dónde estás? Ten cuidado con la nevada porque está cayendo
mucha por todo Madrid.

JUAN PARKER

Estoy bien, mamá. Gala me cuida mucho
y me ha invitado a celebrar su veinte cumpleaños. Estoy en su casa. Su padre me dice
que me quede a dormir hoy, y que mañana Dios dirá. La verdad, es que son personas muy amables, es mejor que me quede
¿verdad?

ANA TAYLOR   Por supuesto, hijo. Quédate a dormir. Mañana veremos de qué manera vamos a recogerte, mejor es que nos llames tú hacia las doce del mediodía y lo hablamos. Sobre todo, cuídate mucho y abrígate con alguna manta. Pídesela al padre de Gala ¿vale?

JUAN PARKER   Está bien, de acuerdo, mamá. Os llamaré mañana.

(Alberto Malo ha escuchado desde su dormitorio, con un doble teléfono, toda la conversación del adolescente. Alberto cuelga despacio, para no ser escuchado.)

Fundido a negro para el cambio de escena.

Escena 4.
Los terroríficos padres policías.

Piso de alquiler en el barrio de Salamanca en Madrid, hogar de la familia Parker. Anochecer. En el salón comedor hablan los padres de Juan. Planean de qué manera entrarán al piso del psicópata para rescatar a su retoño.

Ana y Jesús poseen una gran altura, sus antepasados sobrepasaron los dos metros. Los dos son del cuerpo nacional de policía. Tienen como principal misión investigar los constantes cambios de domicilio de la familia Malo.

Son astutos y muy temerarios vampiros que solo sacian su sed bebiendo sangre humana de infantes para obtener así, la ansiada juventud. No le hacen ascos a la sangre coagulada de otros seres humanos.

De orejas grandes, alargadas y puntiagudas son espectros de desaforada truculencia, una vez transformados en vampiros demoníacos.

La pareja luciferina disfruta mucho bebiendo la sangre de sus víctimas y despiezando su carne en trozos grandes para después darse un buen festín alrededor de una elegante mesa adornada con velas, candelabros e incienso de intenso olor con tonos blancos y oscuros.

Poseen la habilidad de borrar todo tipo de rastros de sangre (*una experiencia adquirida en sus numerosos estudios de especialización de agentes policiales en cursos de adiestramiento*), cocinar carnes humanas, y remover las tumbas de los cementerios en busca de los intestinos o de restos de excremento para así conformar toda su dieta semanal.

La muerte violenta representa para ellos algo muy atractivo. Y tanto él como ella prefieren ocuparse de eliminar a psicópatas asesinos en serie que a asesinos esporádicos de mendigos callejeros.

JESÚS PARKER   ¡Por fin tenemos a Juan dentro de la casa! Mañana entraremos y tendremos otro delicioso bocado que llevarnos a la boca. ¡Qué ganas tengo de saborear de nuevo la carne y la sangre fresca de los humanos!

ANA TAYLOR   ¿Qué es lo que te pasa? Tienes una disfunción... (*un tanto enfadada por el tono de sus palabras*).

JESÚS PARKER   ¡Oye, oye, para, para! ¿Me estás diciendo que yo tengo una tara en la cabeza? ¿Qué estoy loco?

ANA TAYLOR   Sí, querido *(con cierto tono de superioridad)*
Debes acostumbrarte, aunque ya es algo
tarde para cambiar tus costumbres, en no
descubrirnos de lo que realmente somos.

Nuestra supervivencia pasa por ser más
discretos en este tipo de situaciones. Tenemos que ser cuidadosos en todas nuestras expresiones y acciones. Nuestros movimientos deben de ir encaminados a no
dejar rastro de nada; al igual que lo hacemos en los cementerios cuando recogemos
todo tipo de vísceras y órganos para ali-
mentarnos. El orden y la limpieza deter-
minan nuestro estar en la Tierra. Nuestro
dios Lucifer así nos lo explicó antes de bajar en aspecto humano.

JESÚS PARKER   Razón tienes, mujer. Lo que sucede es que
no puedo evitar pensar en estos platos tan
apetecibles que nos ofrece esta vida; Gala,
infante de veinte años cumplidos, y la sangre del cincuentón añejo como los buenos
vinos... *(haciendo una breve pausa)* porque
el padre de Gala ya estará entrando en los
cincuenta ¿verdad?

ANA TAYLOR   Sí, debe tener cincuenta años o alguno más.
Este tipo de psicópatas experimentados de
seguro que tiene también una habitación
de torturas para sacarle la sangre fresca a
sus víctimas.

Estoy convencida, de que con estos dos seres humanos se nos completa nuestro ciclo en este planeta. Volveremos a brillar en las estancias del averno al lado de nuestro dios, como jueces de almas perdidas por sus incesantes pecados. Tenemos que hacer muy bien el trabajo encomendado, a la espera de ser llamados pronto, muy pronto. Estoy deseando despojarme de este envoltorio humano, y así regresar a nuestros orígenes infernales.

JESÚS PARKER   También, lo estoy deseando yo.

Funde a negro.

ACTO II

Vidas de pareja al descubierto

Escena 5.
Confidencias reveladas.

> Entrando en la madrugada. Dormitorio de la familia Parker. Son tiempos de festividad navideña. Año 1972. La pareja demoníaca descansa en dos sarcófagos separados.
>
> *(En la estancia resuenan con fuerza varios pedos fétidos que denotan la liberación de los gases humanos de Jesús Parker.)*

ANA TAYLOR
¿Te has vuelto a tirar varios pedos antes de acostarte en tu ataúd? El olor intenso que desprenden lo puedo percibir desde aquí.

JESÚS PARKER
Perdona, mujer. Estos pedos no suelen tener olor, en nuestra condición de vampiros.

ANA TAYLOR
Pero *(haciendo una ligera pausa)* te has vuelto a olvidar de transformarte. Para nosotros es muy fácil adoptar la condición de un animal al que llaman vampiro, así nos lo enseñaron antes de bajar a la Tierra. Es que si estás en tu condición humana los pedos tuyos son algo ruidosos y muy olorosos. Nunca te acuerdas de hacer tu liberación de gases en tu estado vampírico…

JESÚS PARKER — *(Interrumpiendo a su mujer)* Pues es cierto, te doy la razón, soy algo olvidadizo, es que me gusta sentirme más humano que vampiro. En algunas ocasiones se me olvida que te tengo delante. No te enfades mujer, por favor.

Puedo decirte que el pedo es vida y que el pedo es muerte, porque siempre tiene algo que nos divierte. Tiene cuerpo de aire y corazón de viento. Es ruidoso y a veces sale por un descuido. El pedo es imponente, pues se lo tira toda la gente. El pedo tiene algo tan espantoso, que a veces sale con todo y trozo. Y yo le digo al pedo que no sea tan gacho, que no se me salga, de cacho en cacho. Es a veces como una nube que va volando, y por donde pasa va fumigando. Cuando los pedos no son sonoros, nos dejan un sello como el as de oros.

ANA TAYLOR — *(Riendo a carcajadas)* Ja, ja, ja… Sí, y ahora me vas a contar que los pedos tienen además una educación.

JESÚS PARKER — Los pedos también pueden ser educados ¡eh!, pues se los tiran los abogados. El pedo es como un alma que viaja en pena, que a veces sopla, y que a veces truena. Es como el agua y como el aire que se desliza, con mucha fuerza, y con mucha prisa. Y es que, si un pedo toca a tu puerta, no se la cierres y déjasela abierta. Deja que sople, deja que gire, para ver si hay algún humano que lo respire.

ANA TAYLOR

Eres todo un poeta muy divertido. Sigue contándome…

JESÚS PARKER

Si los pedos suenan un poquito, por el bufido sale cierto caldito. Los pedos sí que tienen diferentes olores, pregúntaselo a los humanos doctores. Existen pedos gordos, y hay pedos flacos, es según el diámetro que tenga el taco. Los hay muy tristes y los hay risueños, todo es según el gusto que tenga el dueño. En este mundo humano tirarse un pedo es vida, porque hasta el mismo Papa bien se los tira. Mientras te digo y te lo mando, ya no me aguanto, que me estoy cagando.

ANA TAYLOR

(Ríe con ganas) Ja, ja, ja… No paro de reírme con tus ocurrencias. ¡Anda, anda, acuéstate! Mañana tenemos que levantarnos temprano. tenemos un servicio que solucionar antes de ir a buscar a Juan.

JESÚS PARKER

¿Te acuerdas de cómo nos conocimos? ¿Y de aquel día en que te pedí en matrimonio?

ANA TAYLOR

¿Todavía lo recuerdas? Me fuiste a recoger a la escuela de los estudios superiores de la policía como todo un ser humano de buena condición social, tan elegante, tan atractivo.

JESÚS PARKER	Pero ya sabes que yo soy algo olvidadizo. Aquel día fue para los dos inolvidable ¡qué gran noche pasamos!
ANA TAYLOR	En ese día tus olvidos fueron una gran tragedia para los que se consideran humanos. En medio de los dos bomberos del rescate te dije que sí.
JESÚS PARKER	No sé cómo sucedió, fue todo tan deprisa *(breve pausa)* estaba tan metido en la cena y en colocar bien la mesa con las velas encendidas que no las apagué cuando marché, y cerré con la llave de casa.
ANA TAYLOR	Al regresar escuchamos el griterío y el coche de los bomberos. Yo pensaba que venían a los edificios de enfrente al nuestro, porque habían explotado las calderas que estaban en las terrazas de afuera. No pensé en que el incendio acababa de producirse en nuestra casa.
JESÚS PARKER	Y en medio de los bomberos, y con el incendio ya apagado, con los rescoldos y con las cenizas me eché mano al bolsillo de la chaqueta donde tenía el anillo de pedida, te dije que si te querías casar conmigo.
ANA TAYLOR	Éramos más jóvenes y yo estaba deseando decirte que sí. Me mordiste, con tu segundo mordisco en el cuello, ante el asombro de los bomberos que no se dieron apenas

cuenta. Me escondiste tu mordisco y los dos nos regalamos un gran beso de enamorados.

Fuimos esa noche a un hotel para retozar como si no hubiera un mañana, qué bien lo pasamos aquella noche pensando en cómo sucedió el incendio, estaba todo el edificio en llamas.

¿Y te acuerdas del primer mordisco para hacerme toda tuya? Nos enamoramos en el café bar llamado *El encuentro* de la Puerta del Sol. ¡Qué primer mordisco! Fue tan delicioso… en ese instante pasé de humana a vampiro.

JESÚS PARKER   Y en ese mismo momento empezamos de cero con nuestro amor. Lucifer nos llamó pronto al averno para felicitarnos y entrenarnos. Cuando te mordí por segunda vez te puse el anillo y, en un mes, ya estábamos casados.

¡Y qué recuerdos tengo de nuestro inquilino Manuel! De qué manera sufría cuando le asesinamos en su segunda casa, le visitamos y nos lo asamos en su horno para comérnoslo enterito, no dejamos rastro alguno. Un banquete suculento y muy sabroso, sí.

No tenía descendencia el pobrecito. Nos quería mucho cuando nos dejó herederos únicos del piso incendiado, unos años antes.

Con la reforma que estamos haciendo actualmente en esta vivienda ¡ya tiene su propia casa Juan! Puede independizarse cuando él lo quiera.

Ana Taylor ¡Calla, calla! Que vas a hacer que pase la noche en vela y quiero hoy descansar. Tenemos que pensar en cómo vamos a realizar la entrada para que no sufra ningún daño nuestro hijo. Sigue siendo muy valiente al quedarse a dormir en casa de esos psicópatas humanos.

Funde a negro la escena.

Escena 6.

Reflexiones de una vampiresa.

Sube nuevamente el telón del teatro. De madrugada, Ana Taylor se levanta para reflexionar; la vemos sentada en una silla del dormitorio. Su marido descansa plácidamente en su sarcófago personal.

ANA TAYLOR

(Hablando para sí misma, en un monólogo hacia su interior. Los altavoces del teatro dan buena cuenta de todos sus pensamientos) ¿Cómo pude yo enamorarme de Jesús? La verdad, es que sigue siendo muy elegante, oscuro, valiente y guapo.

Mi adolescencia no tendría ningún sentido si no encontrase a un hombre fuerte, educado, amable e inteligente. Mi vida era un completo caos, y ahora, me reconozco que soy más ordenada, y más centrada en lo que tengo que hacer cada día.

Sigo pensando mucho en cómo me ha cambiado a mí la vida. De no ser nadie, a ser una agente de la policía nacional y pertenecer a un grupo muy interesante ¿quién me lo iba a mí a decir? Estoy más tranquila con esta vida tan inesperada de cambio, es que soy otra.

Qué placer y qué gusto sentir el día en que Jesús me mordió en el cuello por vez primera. Después, la bajada a los avernos con nuestro dios Lucifer que fue algo sensacional, toda una experiencia para no olvidarla jamás. Muy gratificante.

Convertirme en una vampiresa ha sido lo mejor que me ha sucedido en mi vida. Me siento más segura, temeraria y poderosa, soy más resolutiva a la hora de hacer las cosas.

Jesús me llevó en volandas a la escuela policial, allí he aprendido a ser realmente una buena agente. Estoy orgullosa de pertenecer a la policía para conocer casos como el del psicópata Alberto y su hija Gala.

Ahora tengo que pensar en cómo va a crecer este hijo mío. Quisiera darle todo lo que a mí me ha faltado. Juan es divertido, alegre, generoso con los demás y muy educado. Sí que encuentro que tiene miedo a lo desconocido; tengo que enseñarle a no temer a nadie, y a no tener miedo a nada.

Estoy convencida de que soy una buena madre para él. Espero que sea un buen servidor de nuestro dios Lucifer, y que nos represente como la siguiente especie de vampiros que herede un futuro más infernal y prometedor.

Y ya está bien de comerme más la cabeza, regreso a mi sarcófago, a ver si puedo conciliar el sueño y estar más despierta, descansada, y con fuerzas para atrapar al psicópata matarife de Alberto.

(Ana Taylor se introduce en su sarcófago y lo cierra suavemente.)

La escena funde a negro.

(Todos los espectadores contemplan los dos sarcófagos totalmente cerrados, sabiendo que están los dos vampiros dentro.)

ACTO III

Rescate y misión cumplida

Escena 7.
Preparando el menú de la celebración.

En el amanecer. Ocho de la mañana en el barrio de Malasaña. Salón comedor, hogar de la familia Malo. Los agentes policiales toman el puesto de vigilancia enfrente de la vivienda. Las luces que se encienden ponen en aviso a los dos policías nacionales situados en la zona exterior del inmueble.

(Padre e hija mantienen una conversación previa. Sus acciones van encaminadas hacia el invitado adolescente que permanece muy dormido.)

GALA MALO   *(Con susurros hacia su padre)* Oye papá, ¿de qué manera vas a dejar sin vida a Juan?

ALBERTO MALO   *(Responde a su hija del mismo modo en su oído derecho, susurrándole todas sus palabras)* Primero es atarle de pies y manos. Ocúpate tú de los tobillos, y yo le ataré sus muñecas. Hazlo fuerte y segura, hija. Por la vena yugular del cuello, quiero recoger la sangre en un cubo, la coagularemos, y nos daremos un gran festín.

GALA MALO   Es que con los cuchillos que tienes, y tu habilidad después de hacerlo con cuatro personas, seguro que acertarás bien a la primera. Su carne va a estar deliciosa.

ALBERTO MALO ¡Hija, no levantes demasiado la voz! Menos mal que este chico duerme profundamente.

GALA MALO *(Vuelve a susurrar a su padre, para no despertar a Juan)* ¡Eres increíble papá!, menudo festín vamos a darnos.

ALBERTO MALO Vamos a celebrar un cumpleaños como bien te mereces ¡hija! Luego tendrás que ayudarme a seccionar y cortar, las partes más blandas y deliciosas.

GALA MALO Quiero el corazón entero para mí, lo quiero probar y saborear frito con abundante tomate y mostaza, estará delicioso.

ALBERTO MALO Si es que con la práctica llega la sabiduría ¡verás!, qué buenos trozos vamos a degustar, serán unos bocados muy ricos.

(Salen de la estancia padre e hija muy divertidos… Continuación a la siguiente escena.)

Escena 8.
Sorpresa al descubierto.

Mismo escenario del salón familiar donde regresan padre e hija. Gala tiene una cuerda entre sus manos, y Alberto porta un gran pañuelo con otra cuerda de mayor grosor dispuestos a consumar sus acciones de amarre.

GALA MALO   *(Continúa susurrando a su padre)* ¡Qué dormidito que está! Tiene que estar muy bueno papá. ¡Gracias por la ayuda!

ALBERTO MALO Aprovecha, y átale los tobillos, yo le ato las muñecas, y le pongo un pañuelo en la boca para que no oigamos sus gritos.

(En ese instante Juan despierta, y muestra su oposición a que sea atado.)

JUAN PARKER   ¿Qué vas a hacer?

GALA MALO   Solo vamos a atarte, para que sufras menos, colabora.

JUAN PARKER   ¿Dolor? ¿A qué vamos a jugar los tres?

GALA MALO   ¡Déjate llevar, cariño! A nosotros nos encanta comer carne humana, y tú eres un bocado muy, muy apetecible, delicioso y apetitoso.

Juan Parker	(*Gritando*) ¡Socorro, socorro! ¿Lo dices en serio? Tú y tu padre sois unos jodidos caníbales, estáis enfermos, ¡sois unos psicópatas de verdad! (*levantando la voz en súplica*) Dejad que me marche. Mis padres tenían razón. No quiero morir, soy demasiado joven.
Gala Malo	Es demasiado tarde. ¡Ya lo até papá!
Alberto Malo	¡Qué olor más insoportable a barniz me llega hasta aquí! Hace dos días que lo eché a la cómoda del recibidor y sigue oliendo fuerte. Hija, hazme el favor de dejar entreabierta la puerta de la calle, y echa la cadenita, a ver si así tenemos menos olores.

(*Gala obedece a su padre y echa la cadenita dejando entreabierta la puerta de acceso de calle del piso.*)

(*Encima de la cama que ocupa Juan se ven varios cuchillos y enseres de despiece de carnes.*)

Alberto Malo	No te resistas, y déjame ponerte el pañuelo en tu boca, te voy a atar las muñecas. Gala, sujeta fuertemente a Juan levantando la sábana y la manta por la zona bajera del colchón, de esta manera conseguirás coger sus tobillos y atarlos bien.

GALA MALO   Lo tengo ya atado papá. Dime, qué es lo que tengo que hacer más.

ALBERTO MALO ¡Muy bien hija! (*alegrándose de lo conseguido*) Déjame un instante pensar. (*Pensando en voz alta*) ¿De qué manera puedo yo meterle el cuchillo? No quiero hacerte mucho daño, muchacho. Estate muy tranquilo y no sufrirás demasiado.

(*Se oyen ruidos en la puerta de acceso al piso.*)

(*...Continuación a la siguiente escena.*)

Escena 9.
Detenciones a los psicópatas.

> Puerta de entrada al piso. Diez de la mañana en el barrio de Malasaña. Hogar de la familia Malo. Los policías detienen a los presuntos autores de varios asesinatos.

JESÚS y ANA   Policía, policía ¡abran la puerta!

> *(Jesús y Ana echan abajo la puerta y acceden al inmueble con el consiguiente sobresalto de Alberto y de su hija Gala que salen del salón y se apresuran hacia la puerta de acceso para cerrarla sin éxito. Los agentes están ya adentro. Sigue atado Juan a la cama.)*

ALBERTO MALO   ¿Qué sucede? ¿Quiénes son ustedes?

JESÚS PARKER   Quedan detenidos. No opongan resistencia a la autoridad.

> *(Ana y Jesús detienen a Gala y Alberto por ser los presuntos autores de cuatro asesinatos, con la tentativa de culminación de un quinto.)*

(La pareja de vampiros junto con su hijo son llamados por el dios Lucifer para bajar a los infiernos con la misión cumplida. Oscuro final.)

Esta primera edición de
Poder Satánico: «Animales lúgubres» y «Banquetes deliciosos»,
de Javier García,
terminó de imprimirse
en mayo de dos mil veinticinco